CASTOR
ET
POLLUX,
TRAGÉDIE
REPRÉSENTÉE,
POUR LA PREMIERE FOIS,
PAR L'ACADEMIE-ROYALE
DE MUSIQUE
Le 24 Octobre 1737.
Reprise le 8 Janvier 1754.
Et remise au Théâtre le Mardi 24 Janvier 1764.

PRIX XXX. SOLS.

AUX DÉPENS DE L'ACADÉMIE.
A PARIS, Chés DE LORMEL, Imprimeur de ladite Académie, rue du Foin, à l'Image Sainte Genevieve.
On trouvera des Livres de Paroles à la Salle de l'Opera.

M. DCC. LXIV.
AVEC APPROBATION ET PRIVILEGE DU ROI.

Le Poëme eſt de M. BERNARD.

La Muſique eſt de M. RAMEAU.

ACTEURS CHANTANTS
DANS LES CHŒURS.

Côté du Roi.		Côté de la Reine.	
Mesdemoiselles.	*Messieurs.*	*Mesdemoiselles.*	*Messieurs.*
Durand.	Le Page.	D'Alliere.	Albert.
Guillaume.	Chicot.	Maſſont.	L'Ecuyer.
Lacroix.	Vaudemont.	Lachantrie.	Tourcaty.
Fontenet.	Scelle.	Salaville.	Cailteau.
Delor.	Roſe.	Duplant.	Chappotin.
Beauvais.	Robin.	Adélaïde.	Feret.
D'Agée.	Antheaume.	Hery.	Duperrier.
	Marcou.	Berton.	Boy.
	Lemeſle.		Laurent.

ACTEURS
CHANTANTS.

POLLUX, *Fils de* JUPITER & *de* LEDA, *Roi de Sparte*,	M. Gélin.
CASTOR, *Fils de* TINDARE & *de* LEDA,	M. Pillot.
TELAÏRE, } *Sœurs & Filles du* SOLEIL.	Mlle. Arnoud.
PHEBÉ, }	Mlle. Chevalier.
JUPITER,	M. L'Arrivée.
MERCURE,	M. Muguet.
CLÉONE, *Confidente de* PHÉBÉ,	Mlle. St. Hilaire.
LE GRAND PRÊTRE *de* JUPITER,	M. Durand.
TROUPE DE PRÊTRES.	
UN SPARTIATE,	M. Durand.
TROUPES D'ATHLETES & *de* COMBATTANTS.	
LINCÉE, *Personnage muet.*	
SUITE DE LINCÉE.	
UN ATHLETE,	M. Muguet.
HÉBÉ, *Personnage dansant.*	

PLAISIRS CELESTES & *les suivans* D'HÉBÉ.

UNE SUIVANTE D'HÉBÉ. Mlle. Bernard.

TROUPE DE MAGICIENS.

TROUPES DE DÉMONS, DE MONSTRES.

LES FURIES.

LES OMBRES HEUREUSES.

UNE OMBRE HEUREUSE, Mlle. Bernard.

PEUPLES DE SPARTE.

Les GENIES *qui président aux Planètes & aux Constellations.*

LES HEURES.

La Scène est aux Enfers, à Sparte & dans les Cieux.

PERSONNAGES DANSANTS.

ACTE PREMIER.

SPARTIATES.

Mlle. ALLARD.

Mr. CAMPIONI, Mlle. GUIMARD.

Mrs. Hamoche, l., Trupty, Riviere, Lany, c. Henri, Martinet.

Mlles. Petitot, d'Ornet, Contat, Godeau, Marcilly, Rouſſillon.

ACTE DEUXIÉME.

GUERRIERS.

Mrs. Hamoche, l., Trupty, Riviere, Lany, c., Henry, Martinet.

LUTTEURS.

Mrs. LAVAL, LYONNOIS.

HIACINTE, ROGIER.

GLADIATEURS.

Mrs. LANI, GARDEL.

SPARTIATES.

Mlles. GUIMARD, LECLERC.

Mlles. Martaiſe, Daché, Bouſcarelle, Godeau, Laveau, Rouſſillon.

ACTE TROISIÉME.

HÉBÉ.

Mlle. VESTRIS.

SUITE D'HÉBÉ.

Mlles. GUIMARD, LECLERC.

M^rs^. Cezeron, Gougi, Dubois, Hamoche, c., Dossion, Martinet.

Mlles. Villette, Lahaie, Vernier, Télis, Saron, Couston.

ACTE QUATRIÉME.

DÉMONS.

M^rs^. LAVAL, LIONNOIS.

M^rs^. Hiacinte, Trupty, Hamoche, l., Riviere, Lani, c., Rogier, Henry, Liesse.

FURIES.

Mlles. LYONNOIS, ALLARD, M^r^. BÉATE.

OMBRES HEUREUSES.

M^rs^. CAMPIONI, DUBOIS.

Mlles. GUIMARD, LECLERC.

Mlle. LANI.

M^rs^. Cezeron, Gougi, Hamoche, c., Dossion, Martinet.

Mlles. St. Martin, Petitot, Perrin, Villette, Lahaie, d'Ornet, Darcy, Godeau, Buard, Mimi.

ACTE CINQUIÉME.

GÉNIES qui président aux Planettes.

LE SOLEIL, M. GARDEL.
JUPITER, M. HIACINTE.
MARS, M. LANI.
MERCURE, M. CAMPIONI.
LA TERRE, Mlle. ALLARD.
LA LUNE, Mlle. LANI.
VÉNUS, Mlle. VESTRIS.
SATURNE, M. HENRY.

HEURES.

Mlles. St. Martin, Petitot, Perrin, Buard, d'Ornet, Basse, Saron, Villette, Lahaie, Cornu, Godeau, Mimi.

CONSTELLATIONS.

Mrs. Trupty, Hamoche, l., Cezeron, Gougi, Dubois, Riviere, Rogier, Lany, c., Hamoche, c., Dossion, Liesse, Martinet.

CASTOR

CASTOR ET POLLUX, TRAGEDIE.

ACTE PREMIER.

Le Théâtre représente le Palais du Roi de Sparte, avec tout l'apareil d'un Himenée.

SCÊNE PREMIERE.

PHEBÉ, CLÉONE.

CLÉONE.

L'HIMEN couronne votre sœur,
Pollux épouse Télaïre;
Ce pompeux apareil annonce son bonheur;
Mais j'entends Phebé qui soupire.

PHEBÉ.

Mon cœur n'eſt point jaloux d'un ſort ſi glorieux ;
Une autre voix s'y fait entendre,
Ah que n'eſt-il ambitieux !
Peut-être ſeroit-il moins tendre.

Filles du Dieu du Jour, par quels préſens divers
Le Ciel marqua notre partage !
Je reçûs le pouvoir d'évoquer les Enfers ;
Que Telaïre obtint un plus doux avantage !
Elle commande aux cœurs où mon art ne peut rien ;
Un coup d'œil lui rend tout poſſible,
Je ne fais qu'étoner ce qu'elle rend ſenſible.
Que ſon pouvoir eſt au-deſſus du mien !
Que l'Univers la trouve belle,
Je le pardonne à ſes appas ;
Mais que l'ingrat Caſtor m'abandonne pour elle,
Voilà ce que mon cœur ne lui pardonne pas.

CLÉONE.

L'Hymen du Roi qui va rompre leur chaîne,
Doit vous rendre l'eſpoir de fixer votre amant.

PHEBÉ.

Elle aura ſes regrets, je n'aurai que la peine
D'eſpérer encore vainement......
Et ſi le Roi cédoit aux larmes de ſon Frere,
L'objet qui cauſe ſon tourment ?

Tu vois ce que je crains, voici ce que j'espere :
Cléone, en ce moment fatal,
Pour venger ma flâme offensée,
Je leur garde un autre rival,
Et je puis disposer des fureurs de Lincée.
Son amour qu'on outrage est tout prêt d'éclater.
Il veut de ce Palais enlever Telaïre.....
Je la vois. Son triomphe augmente mon martire :
Songeons à l'éviter. *(Elle sort.)*

SCÊNE II.

TELAÏRE, seule.

Eclatés mes justes regrets,
Dans un moment, hélas ! il faudra vous contraindre :
Le Ciel m'ôtera désormais
Jusqu'à la douceur de me plaindre.
La Gloire unit envain tout ce qu'elle a d'attraits
Pour un Dieu qui m'adore, & me force à le craindre ;
L'amour a lancé d'autres traits ;
Ces honneurs que je fuis ne font voir que l'excès
D'un feu que je ne puis éteindre.

Eclatés mes justes regrets,
Le Ciel m'ôtera désormais
Jusqu'à la douceur de me plaindre.

SCÊNE III.

TELAÏRE, CASTOR.

CASTOR.

AH! je mourrai content, je revois vos appas.

TELAÏRE.

Prince, osés-vous encor me parler de tendresse?

CASTOR

On permet nos adieux.

TELAÏRE.

Eh! ne deviés-vous pas
Les épargner à ma foiblesse?

CASTOR.

Quand j'ai pour cet adieu l'aveu de votre Epoux.
Quand vous m'allés être ravie;
Cruelle, me reprochés-vous
Le dernier plaisir de ma vie?
Mon Frere a vu mes pleurs, & loin de les cacher,
J'ai laissé voir toute ma flâme;
La pitié lui parloit, & sembloit le toucher;
Mais l'amour plus puissant l'écartoit de son ame.
Achevés son bonheur: je quitterai ces lieux,

Sans me plaindre de vous, ſans accuſer mon Frere.
Ai-je à me plaindre que des Dieux?

TELAÏRE.

Vous partés.

CASTOR.

Je m'impoſe un éxil néceſſaire.
Dans ces yeux, maîtres de mon ſort,
Si j'ai trouvé cent fois la vie;
Quand l'eſpérance m'eſt ravie,
J'y trouverois cent fois la mort.

TELAÏRE.

Et le Roi permettra cette fuite inhumaine?
Non, ſon cœur eſt trop généreux.

CASTOR.

En faiſant ſon bonheur elle adoucit ma peine:
Vous me plaignés, il m'aime & je pars trop heureux.

(POLLUX *qui les obſervoit paroît en ce moment.*)

SCÈNE IV.

POLLUX, TELAÏRE, CASTOR.

POLLUX.

NOn, demeure Castor, c'est moi qui te l'ordonne.
L'amour & l'amitié t'en imposent la loi :
Calme l'inquiétude où ton cœur s'abandonne;
Pour te retenir près de moi,
La main qu'on devoit à ma foi
Est la chaîne que je te donne.

(*Il prend la main de* TELAÏRE *& l'unit à celle de* CASTOR.)

CASTOR.

O bontés que j'adore !

TELAÏRE.

O grandeur qui m'étonne !

POLLUX.

Je connois tout ce que je perds,
Castor à mon amour rendra cette justice :
Il pourra mieux juger du prix du sacrifice,
Par les tourmens qu'il a soufferts.

(*La Suite du Roi, & le Peuple entrent sur la Scène.*)

SCÈNE V.

POLLUX, TELAÏRE, CASTOR, SPARTIATES.

POLLUX, au Peuple.

CEs apprêts m'étoient destinés,
J'en faisois mon bonheur suprême :
Que leurs fronts soient couronnés
De ces fleurs qui devoient parer mon diadême.
Des deux objets que j'aime,
Je fais deux amants fortunés.

CHŒUR de SPARTIATES.

Chantons l'éclatante victoire
D'un Héros qui dompte l'Amour,
Si la vertu triomphe en ce beau jour,
L'Amour ne perd rien de sa gloire.

(On danse.)

CASTOR.

Quel bonheur régne dans mon ame !
Amour, as-tu jamais
Lancé de si beaux traits ?
Des mains de l'amitié tu courones ma flâme !

Amour, as-tu jamais
Lancé de ſi beaux traits? *On danſe.*

(*La Fête eſt interrompue par un bruit tumultueux.*)

SCÈNE VI.

UN SPARTIATE, & les ACTEURS précédens.

UN SPARTIATE.

QUittés ces jeux, courés aux armes,
Lincée attaque ce Palais;
La jalouſe Phebé ſemble guider ſes traits.

CHŒUR.

Courons aux armes.

CASTOR ET POLLUX, en ſe ſéparant pour aller combattre aux deux côtés du Théâtre, où l'on entend le bruit des attaques.

Allons diſſiper ces allarmes
Aux armes.

TELAÏRE à CASTOR.

Vous me quittés!
Arrêtés, Caſtor, arrêtés.

Les

Les différents CHŒURS.

Combattons, attaquons, attaqués, combattés.

Une Voix seule.

Enlevons Telaïre.

TELAÏRE.

Ah ! quelle fureur les inspire !

Après un grand bruit de guerre, LINCÉE *force l'entrée du Palais & paroît à la tête des siens.* CASTOR *qui étoit sorti du Théâtre, rentre pour le combattre ; il est repoussé & tombe dans la coulisse sous les coups de* LINCÉE *; pendant le combat,* TELAÏRE *qui veut se jetter dans la mêlée, est retenue par ses femmes. Il se fait alors un profond silence.*

Une Voix.

Castor, hélas ! Castor est tombé sous ses coups !

CHŒUR *des* SPARTIATES.

Oh ! perte irréparable !
Oh ! malheur effroyable !

TELAÏRE, *qui tombe dans les bras de ses Suivantes.*

Je me meurs.

LE CHŒUR.

Pollux vengés - nous.

(*Le bruit de guerre recommence.* LINCÉE *reparoît & traverse la Scêne pour enlever* TÉLAÏRE *qu'il entraîne hors du Théâtre.* POLLUX *vôle à sa rencontre, dégage la Princesse & attaque son ennemi. La Troupe de* CASTOR *se rallie à celle de* POLLUX *qui combat* LINCÉE, *le chasse & le poursuit.*)

FIN DU PREMIER ACTE.

ACTE SECOND.

Le Théâtre représente le lieu de la sépulture des Rois de Sparte ; c'est un vaste Monument en forme de Rotonde, environnée d'Obélisques, de Piramides & de Tombeaux. On voit dans l'intérieur le Mausolée élevé pour les funérailles de CASTOR *; il est éclairé par des torches & des lampes Sépulcrales ; le reste est une Forêt sombre plantée de palmiers & des ciprès, où se rassemble le peuple de Sparte. Le commencement de l'Acte se passe dans la nuit.*

SCÈNE PREMIERE.

CHŒUR des SPARTIATES *qui arrivent au Tombeau couverts de mantes de deuil.*

QUE tout gémisse,
Que tout s'unisse :
Préparons, élevons d'éternels monuments
Au plus malheureux des amants :

Que jamais notre amour, n'y son nom ne périsse;
Que tout gémisse.

SCÊNE II.

TELAÏRE paroît dans le plus grand deuil, & va se jetter aux pieds du Mausolée.

Tristes apprêts, pâles flambeaux;
Jour plus affreux que les ténébres,
Astres lugubres des tombeaux,
Non, je ne verrai plus que vos clartés funébres.

Toi, qui vois mon cœur éperdu,
Pere du jour, ô Soleil ! ô mon Pere !
Je ne veux plus d'un bien que Castor a perdu,
Et je renonce à ta lumiere.

Tristes apprêts, pâles flambeaux,
Jour plus affreux que les ténébres,
Astres lugubres des tombeaux,
Non, je ne verrai plus que vos clartés funébres.

PHEBÉ paroît.

SCÊNE III.

PHEBÉ, TELAÏRE.

CRuelle, en quels lieux venés-vous?
Osés-vous insulter encore
Aux manes d'un Héros qui périt par vos coups?

PHEBÉ.

Laisse à l'amour qui me dévore
Le soin de me punir d'un crime que j'abhorre;
Il m'en dit plus que ton courroux.

Tu pleures l'amant le plus tendre;
Mais de nous deux encor son destin peut dépendre;
D'un mot tu peux le rendre au jour.

TELAÏRE.

Ordonnés. Que faut-il?

PHEBÉ.

Immoler ton amour.
Et mon art forcera l'Enfer à nous le rendre.

TELAÏRE.

Oui, je m'en impose la loi.
Qu'il vive, que pour lui votre ardeur se signale.

PHEBÉ.

Tu le veux.

TELAÏRE.

Hâtés-vous, je céde à ma rivale
L'amour dont il brûla pour moi.

(*On entend une Symphonie Guerriere & des Chants de Victoire.*)

LE *CHŒUR derriere le Théâtre.*

Triomphe, vengeance.

TELAÏRE.

C'est le Roi vainqueur qui s'avance.

PHEBÉ.

Il a vengé nos maux, il faut les réparer.

(*Elle sort.*)

(*Le jour commence à paroître, & découvre les différents Monuments qui sont sur la Scène.*)

SCÈNE IV.

POLLUX, TELAÏRE, Troupe de SPARTIATES, d'ATHLETES & de COMBATTANTS, portants des trophées & les dépouilles des Ennemis.

POLLUX au Peuple.

PEuples, cessés de soupirer.
Non, ce n'est plus des pleurs que ces mânes demandent,
C'est du sang qu'ils attendent,
Et ce sang fatal a coulé :
Lincée est immolé.

TOUS LES CHŒURS.

Que l'enfer applaudisse
A de nouveaux concerts.
Qu'une ombre plaintive en jouisse.
Le cri de la vengeance est le chant des Enfers.

POLLUX à TELAÏRE.

Princesse, une telle victoire
Doit adoucir pour vous l'horreur de ce séjour.

TELAÏRE.

La vengeance flatte la gloire;
Mais ne conſole pas l'amour.

Prince, un rayon d'eſpoir à mes yeux ſe préſente;
Le pouvoir de Phebé peut remplir notre attente
Et ravir Caſtor aux Enfers.

POLLUX.

Non, c'eſt envain qu'elle le tente,
Et c'eſt encore à moi de réunir vos fers.

Aux pieds de Jupiter j'irai me faire entendre:
Le Dieu qui me donna le jour,
A mon frere peut le rendre.
Aux larmes de ſon fils quelle marque plus tendre
Peut-il donner de ſon amour?

TELAÏRE.

Ah Prince! Oſés tout entreprendre:
Montrés qu'aux Immortels votre ſort eſt lié.
Jupiter dans les Cieux eſt le Dieu du Tonnerre,
Et Pollux ſur la terre
Sera le Dieu de l'amitié.

D'un

D'un frere infortuné reſſuſciter la cendre,
L'arracher au tombeau, m'empêcher d'y deſcendre,
Triompher de vos feux, des ſiens être l'appui,
Le rendre au jour, à ce qu'il aime,
C'eſt montrer à Jupiter même
Que vous êtes digne de lui.

POLLUX aux Peuples.

Reprenés vos chants de victoire,
Que mon triomphe embéliſſe ces lieux,
Occupés Telaïre, & charmés ſes beaux yeux
Par le ſpectacle de ma gloire.

(Il ſort.)

(La Scêne devient plus éclairée, les Tombeaux ſont couverts de trophées & des dépouilles des ennemis, Marche des Combattans ; Entrée & Combat figuré d'ATHLETES & de GLADIATEURS.)

UN ATHLETE.

Eclatés fieres trompettes,
Faites briller dans ces retraites
La gloire de nos Héros.

Par des chants de victoire
Troublons le repos
Des échos.
Qu'ils ne chantent plus que la gloire.

Eclatés fieres trompettes,
Faites briller dans ces retraites
La gloire de nos Héros.

(Des femmes SPARTIATES *se mêlent à la fête des Guerriers, couronnent les vainqueurs & forment un Divertissement de réjouissance pour célébrer la victoire de* POLLUX.)

FIN DU SECOND ACTE.

ACTE TROISIEME.

Le Théâtre représente le Vestibule du Temple de JUPITER, *où* POLLUX *doit faire un sacrifice.*

SCÈNE PREMIERE.

POLLUX *seul.*

PRésent des Dieux, doux charme des humains,
O divine amitié, viens pénétrer nos ames :
Les cœurs éclairés de tes flâmes,
Avec des plaisirs purs, n'ont que des jours sereins.

C'eſt dans tes nœuds charmants que tout eſt jouiſſance :
Le temps ajoûte encor un luſtre à ta beauté :
L'amour te laiſſe la conſtance ;
Et tu ſerois la volupté,
Si l'homme avoit ſon innocence.

Préſent des Dieux, *&c.*

(*Le Temple s'ouvre, & les* PRÉTRES *en ſortent.*)

Mais le Temple eſt ouvert, le Grand Prêtre s'avance.

SCÈNE II.

POLLUX, LE GRAND PRÊTRE DE JUPITER, PEUPLES, & Suite du GRAND PRÊTRE.

LE GRAND PRÊTRE.

LE ſouverain des Dieux
Va paroître en ces lieux
Dans tout l'éclat de ſa puiſſance.
Tremblés, redoutés ſa préſence,
Fuyés mortels curieux.

Ce n'eſt que par les feux & la voix du tonnerre
Qu'il s'annonce à la terre :
Et l'éclat redouté de ſon front glorieux,
N'eſt vû que par les Dieux.
Qu'au ſeul nom de ce Dieu ſuprême
De reſpect & d'effroi, tous les cœurs ſoient glacés ;
Fuyés, & frémiſſés.
Fuyons, & frémiſſons nous-même.

CHŒUR de PRESTRES.

Fuyons, & frémiſſions nous-même.

Le PEUPLE & les PRÊTRES ſortent.

(Le Théâtre change, JUPITER paroît dans l'intérieur de ſon Palais aſſis ſur un Trône, & environné de toute ſa gloire.)

SCÊNE III.

JUPITER, POLLUX.

POLLUX aux pieds de JUPITER.

MA voix, puiſſant maître du monde,
S'éléve en tremblant juſqu'à toi,
D'un ſeul de tes regards diſſipe mon effroi,
Et calme ma douleur profonde.

O mon pere, écoute mes vœux.

L'Immortalité qui m'enchaîne
Pour ton fils déſormais n'eſt qu'un ſuplice affreux.
Caſtor n'eſt plus, & ma vengeance eſt vaine,
Si ta voix ſouveraine
Ne lui rend des jours plus heureux.

O mon pere, écoute mes vœux.

JUPITER.

Que ſon retour, mon fils, auroit pour moi de charmes!
Qu'il me feroit doux d'y penſer!
Mais l'Enfer a des loix que je ne puis forcer:
Et le ſort me deffend de répondre à tes larmes.

POLLUX.

Ah! laiſſe-moi percer juſques aux ſombres bords:
J'ouvrirai ſous mes pas les antres de la terre.
J'irai braver Pluton, j'irai chercher les morts
A la lueur de ton tonnerre:
J'enchaînerai Cerbere, & plus digne des cieux,
Je reverrai Caſtor, & mon Pere, & les Dieux.

JUPITER.

J'ai voulu te cacher le ſort qui te menace.
D'un frere infortuné tu peux briſer les fers,

Si tu descends dans les enfers ;
Mais il est ordonné pour prix de ton audace,
Que tu prenes sa place.

Tes jours éternels, tes beaux jours
Sont trop dignes d'envie.

POLLUX.

Non, je ne puis souffrir la vie,
Si Castor avec moi n'en partage le cours
Je reverrai mon frere, il verra Telaïre !
Il est aimé, c'est à lui d'être heureux :
Chaque instant qu'ici je respire
Est un bien que j'enléve à son cœur amoureux.

JUPITER.

Avant que de céder aux zele qui t'inspire,
Voi ce que tu perds dans les cieux.

Plaisirs, charmes de mon Empire,
Plaisirs, vous qui faites les Dieux,
Triomphés d'un Dieu qui soupire.

(Les Plaisirs célestes, conduits par HEBÉ, *entrent en dansant, ils entourent* POLLUX, JUPITER *se retire.)*

SCÊNE IV.

POLLUX, HEBÉ, le PLAISIRSS CÉLESTES qui tiennent des guirlandes de fleurs, dont ils veulent enchaîner POLLUX.

CHŒUR des PLAISIRS CÉLETES, qui danſent autour de POLLUX.

JEune Immortel, où courés-vous ?
Ah ! Pouvés-vous nous méconnoître ?
Un Dieu peut-il être ſans nous ?
Un Dieu peut-il ceſſer de l'être ?

POLLUX.

Tout l'éclat de l'Olympe eſt envain ranimé,
Le Ciel & le bonheur ſuprême
Sont aux lieux où l'on eſt aimé.
Sont aux lieux où l'on eſt aimé.

PETIT CHŒUR.

Qu'Hebé, de fleurs toujours nouvelles
Forme vos chaînes éternelles.

(*On danſe.*)

UNE *SUIVANTE* D'HEBÉ.

Voici des Dieux
L'azile aimable ;
Goûtés des Cieux
La paix durable.

Plus

Plus de plaiſirs
Que de déſirs,
Des chaînes
Sans peines
Et de beaux jours
Comptés toujours
Par nos amours.
Si l'on ſoupire,
C'eſt ſans martyre :
Eſt-on charmé ?
L'on plaît de même :
On dit qu'on aime,
On eſt aimé.

LE PETIT CHŒUR.

Qu'Hebé, de fleurs toujours nouvelles
Forme vos chaînes éternelles.

POLLUX.

Ah ! Sans le trouble où je me voi,
Charmants Plaiſirs, je vous ſerois fidéle ;
Mais dans l'excès de ma douleur mortelle,
Plaiſirs, que voulés-vous de moi ?

(*Danſe d'HEBÉ.*)

UNE SUIVANTE D'HEBÉ.

Que nos jeux
Comblent vos vœux:

Suivés Hebé, que votre jeunesse
Sans cesse
Renaisse,
Pour être à jamais heureux.

La grandeur la plus brillante
N'est point l'attrait qui nous tente;
Venés, voyés, goûtés
Les célestes voluptés.
Nous aimons, Jupiter même
N'est heureux que quand il aime.
Aimés, cédés, suivés
Les biens qui vous sont réservés.

(La Danse recommence, les PLAISIRS CÉLESTES font de nouveaux efforts pour arrêter POLLUX.)

POLLUX.

Si je romps vos aimables chaînes:
J'épargne aux Dieux ma honte & mes soupirs.
Je descends aux Enfers, pour oublier mes peines.
Et Castor renaîtra, pour goûter vos plaisirs.

(POLLUX rompt les Guirlandes de fleurs dont il est enchaîné, & se dérobe aux PLAISIRS qui le suivent.)

FIN DU TROISIÉME ACTE.

ACTE QUATRIÉME.

Le Théâtre repréſente l'entrée des Enfers, où l'on deſcent par des rochers eſcarpés. Dans le fonds eſt une caverne qui vomit des flâmes, & dont le paſſage eſt défendu par des Monſtres, des Spectres & des Démons.

SCÈNE PREMIERE.

PHEBÉ, ſeule.

ESPRITS, ſoutiens de mon pouvoir.
Venés, volés, rempliſſés mon eſpoir.
Deſcendés au rivage ſombre
Il faut lui ravir une ombre.

(Les Eſprits & Puiſſances Magiques paroiſſent à la voix de PHEBÉ, *qui forme ſes enchantements.)*

Rassemblés-vous, secondés mon ardeur :
Des Monstres des Enfers, combattés la fureur.

LE CHŒUR.

Des Monstres des Enfers, combattons la fureur.

PHEBÉ.

Redoublés vos charmes,
Pénétrés ce séjour
Impénétrable au jour,
Redoublés vos charmes;
Empruntés les traits de l'Amour
Pour avoir de plus fortes armes.

LE CHŒUR.

Redoublons nos charmes.

PHEBÉ.

Mais, que vois-je ?

(*Elle apperçoit* MERCURE *qui descend*, POLLUX *paroît en même-temps.*)

SCÈNE II.

MERCURE, PHEBÉ, POLLUX.

MERCURE.

PHebé, tu fais de vains efforts :
De tes enchantemens vois l'inutile uſage.
Le fils de Jupiter aura ſeul l'avantage
De penétrer aux ſombres bords.

PHEBÉ.

Ah ! Prince, où courés-vous ?

POLLUX.

Je vole à la victoire
Qui doit couronner mes travaux.
Le chemin des Enfers ſous les pas d'un Héros
Devint le chemin de la gloire.

PHEBÉ.

Laiſſés-moi devancer vos pas :
Laiſſés-moi braver tout obſtacle.
A l'Amour eſt dû le miracle
De triompher du trépas.

POLLUX.

Allons, Mercure, où tu me guides.
L'ardeur que j'éprouve en ce jour
Prête à mon amitié des aîles plus rapides
Que ne sont celles de l'Amour.

(*Il veut entrer dans la Caverne, tous les Monstres & les Démons sortent des Enfers pour en défendre le passage.*)

MERCURE, POLLUX, ET PHEBÉ.

Tombés, rentrés dans l'esclavage:
Arrêtés, Démons furieux.

POLLUX. Livrés-moi } cet affreux passage.
PHEBÉ. MERCURE. } Livrés-lui } cet affreux passage.

POLLUX. Et redoutés } le fils du plus puissant des Dieux.
PHEBÉ. MERCURE. } Et respectés } le fils du plus puissant des Dieux.

CHŒUR DES DÉMONS.

Sortons d'esclavage,
Fermons lui cet affreux passage.

(*Danse des Démons qui veulent effrayer* POLLUX.)

LE CHŒUR DES DÉMONS.

Brisons tous nos fers,
Ebranlons la terre,
Embrâsons les airs :
Qu'au feu du tonnerre
Le feu des Enfers
Déclare la guerre :
Brisons tous nos fers.

Jupiter lui-même
Doit être soumis
Au pouvoir suprême
Des Enfers unis.
Ce Dieu téméraire
Veut-il pour son fils
Détrôner son frere ?

Brisons tous nos fers, &c.

(*Les Démons continuent leur danse, & redoublent leurs efforts pour écarter* POLLUX. *Les Furies sortent des Enfers, armées de flambeaux & de Serpens.* POLLUX *combat les Démons.* MERCURE *les frappe de son caducée, & s'abîme avec* POLLUX *dans la caverne.* PHEBÉ *qui ne peut les suivre, se livre au désespoir.*

SCÈNE III.

Le Théâtre change & représente les Champs Elisées. On voit le Fleuve Léthé qui serpente dans ce séjour délicieux. Des Ombres heureuses paroissent errer dans l'éloignement, & viennent à la rencontre de CASTOR.

CASTOR.

SÉjour de l'éternelle paix
Ne calmerés-vous point mon ame impatiente?
L'Amour jusqu'en ces lieux me poursuit de ses traits.
Castor n'y voit que son Amante,
Et vous perdés tous vos attraits.
Séjour, &c.
Que ce murmure est doux! Que cet ombrage est frais!
De ces accords touchants la volupté m'enchante.
Tout rit, tout prévient mon attente;
Et je forme encore des regrets.
Séjour, &c.

CHŒUR des Ombres Heureuses qui arriveut en dansant.

Qu'il soit heureux comme nous.
Des biens que nous goûtons sur cet heureux rivage

Nos

Nos cœurs ne ſont point jaloux :
Il les voit, qu'il les partage.
Qu'il ſoit heureux comme nous.

Différents Quadrilles d'OMBRES HEUREUSES s'approchent de CASTOR.

UNE *OMBRE*.

Sur les Ombres fugitives
L'Amour lance encor des feux ;
Mais il ne fait ſur ces rives
Qu'un peuple d'Amans heureux.

(*Des Danſes légeres expriment par des jeux différents le caractere des OMBRES.*)

UNE *OMBRE*.

Pour toujours
Ce rivage
Eſt ſans nuit & ſans orage.
Pour toujours
Cette Aurore
Fait éclore
Nos beaux jours.
C'eſt le port
De la vie ;
C'eſt le ſort
Qu'on envie.
Le monde & ſes faux attraits
Sont-ils faits pour nos regrets ?

Non, jamais
Lieux propices,
Vous n'offrés que des délices,
Non, jamais
Cet Empire
Ne respire
Que la Paix.

(*On danse.*)

UNE OMBRE, *alternativement avec le* CHŒUR.

Dans ces doux aziles
Vos vœux seront couronnés,
Venés.
Aux plaisirs tranquiles
Ces lieux charmants sont destinés.
Ce fleuve enchanté,
L'heureux Léthé
Coule ici parmi les fleurs:
L'on n'y voit ni douleurs,
Ni soucis, ni langueurs,
Ni pleurs.
L'oubli n'emporte avec lui
Que les soins & l'ennui.
Ce Dieu nous laisse
Sans cesse
Le souvenir
Du plaisir.

(Les OMBRES *reprennent leurs Danſes, qui ſont tout-à-coup interrompues.)*

CHŒUR, derriere le Théâtre.

Fuyés, fuyés Ombres légeres.
Nos jeux ſont prophanés par des yeux téméraires.

*(*POLLUX *paroît, & les* OMBRES *étonnées fuyent devant lui.)*

SCÈNE IV.

POLLUX, CASTOR, LES OMBRES.

POLLUX.

RAſſurés-vous, habitans fortunés.
Loin de troubler ce favorable aſyle,
J'y viens goûter la paix que vous donnés.
C'eſt ici des Héros la demeure tranquile.
Chere Ombre paroiſſés......

CASTOR, appercevant POLLUX.

O mon frere ! eſt-ce vous ?
O moments de tendreſſe !

ENSEMBLE.

O moments les plus doux !
O mon frere ! eſt-ce vous ?

POLLUX.

C'eſt moi qui viens briſer la chaîne qui te lie :
C'eſt moi qui t'ai vengé d'un rival odieux.

CASTOR.

Je verrois la clarté des Cieux ?

POLLUX.

C'eſt peu de te rendre à la vie,
Le ſort t'éléve au rang des Dieux.

CASTOR.

Qu'entends-je ! quel bonheur ! je quitterois ces lieux,
Et le Ciel près de toi me permettroit de vivre ?

POLLUX.

Non, tu jouiras ſeul d'un partage ſi doux,
Et le deſtin jaloux
Va m'impoſer les fers dont ma main te délivre.

CASTOR.

Par ton ſupplice, ô Ciel ! j'achéterois le jour !

POLLUX.

Tout l'Univers demande ton retour.
Régne ſur un peuple fidéle.

CASTOR.

Le fils de Jupiter doit lui donner la loi.

POLLUX.

Voi dans les Cieux la gloire qui t'apelle.

CASTOR.

J'immole au ſeul plaiſir qui m'approche de toi
Toute la grandeur immortelle.

POLLUX.

Telaïre t'attend.

CASTOR.

Cruel, épargnés moi:
Elle-même, à ce prix, verroit avec effroi
Renouer de mes jours la trâme criminelle.

POLLUX.

Caſtor, nous la perdrons tous deux.
Si tu tardes encor, tu lui coûtes la vie,
Hâte-toi, va, le Ciel t'ordonne d'être heureux,
Et c'eſt ton rival qui t'en prie.

CASTOR.

Oui, je céde enfin à tes vœux.
J'irai ſauver les jours d'une amante fidéle,
Je renaîtrai pour elle;
Mais puiſqu'enfin je touche au rang des Immortels,
Je jure par le Styx qu'une ſeconde aurore
Ne me trouvéra pas au ſéjour des mortels.
Je ne veux que la voir & l'adorer encore,
Et je te rends le jour, ton Trône & tes Autels.

POLLUX, à MERCURE.

Ses jours ſont commencés.
Volés, Mercure, obéiſſés.
Rendés un Immortel au ſéjour du tonnerre.
Un Héros à la terre.
Volés, Mercure, obéiſſés.

CHŒUR DES OMBRES.

Revenés, revenés ſur les rivages ſombres,
Habités tous deux parmi nous.
Et nous rendrons les Dieux jaloux
De la félicité des Ombres.

(*MERCURE enléve CASTOR dans un nuage, POLLUX lui tend encore les bras & ſe retire avec les OMBRES fortunées.*)

FIN DU QUATRIÉME ACTE.

ACTE CINQUIEME.

Le Théâtre représente une vûe agréable des environs de la Ville de Sparte precedée d'un Arc de triomphe orné de festons & de guirlandes pour le retour de CASTOR.

SCENE PREMIERE.

CASTOR, TELAÏRE.

TELAÏRE.

LE Ciel est donc touché des plus tendres amours;
Au jour que je quittois, votre voix me rapelle.
Vous vivrés, pour m'être fidéle,
Et vous vivrés toujours.

CASTOR.

Hélas!

TELAÏRE.

Mais pourquoi ces allarmes?

Vous m'aimés, je vous vois....

CASTOR.

Telaïre, vivés.

TELAÏRE.

Qu'entends-je ! quels diſcours ?

CASTOR.

Telaïre...

TELAÏRE.

Achevés.

Le plus beau de nos jours eſt-il fait pour des larmes?

CASTOR.

A d'éternels adieux il faut nous préparer.

TELAÏRE.

Que dites-vous ? O Ciel !

CASTOR.

Il faut nous ſéparer.

Je retourne aux rivages ſombres.

TELAÏRE.

Caſtor ! & vous m'abandonnés !

CASTOR.

Mon frere & mes ſerments m'attendent chez les Ombres.

TELAÏRE.

TELAÏRE.

A vous pleurer encor mes yeux ſont condamnés !
A peine je vous vois ! à peine je reſpire !
Caſtor ! & vous m'abandonnés !

CASTOR.

L'inſtant fatal approche, il me preſſe, il expire.
Que cet inſtant a d'horreurs & d'appas !

TELAÏRE.

Hélas ! te puis-je croire ?
Quand parjure à l'Amour, ingrat, tu ne fais gloire
Que d'être fidéle au trépas.
(*On entend des chants de réjouiſſance.*)
Mais j'entends des cris d'allégreſſe.

SCÊNE II.

CASTOR, TELAIRE, TROUPE DE SPARTIATES qui viennent au-devant de CASTOR.

CHŒUR.

Vivés, heureux époux.

TELAÏRE.

Au-devant de tes pas tout ce peuple s'empreſſe.

Veux-tu troubler ſes jeux ? Ils étoient faits pour nous.

CASTOR, au Peuple.

Hélas ! vous ignorés que votre attente eſt vaine.

TELAÏRE ET LE CHŒUR.

Pourquoi vous dérober à des tranſports ſi doux ?

CASTOR.

Peuples, éloignés-vous.
Vos déſirs augmentent ma peine.

(*Le Peuple ſort.*)

SCÊNE III.

CASTOR, TELAIRE.

TELAÏRE.

EH ! quoi ! tous ces objets ne peuvent t'attendrir.

CASTOR.

Voulés-vous qu'aux Enfers j'abandonne mon frere ?

TELAÏRE.

Les Dieux nous le rendront : Jupiter eſt ſon pere.

CASTOR.

Vivés, & laiſſés-moi mourir.

TELAÏRE.

Tu meurs ! ... pour qui veux-tu que je respire encore?

CASTOR.

Régnés, mon frere est immortel,
Mon frere vous adore.

TELAÏRE.

Non, je n'attendrai pas un destin si cruel :
J'en atteste les Dieux & la mort que j'implore.

CASTOR.

Arrêtés, redoutés le charme de vos pleurs.
Si j'osois balancer, il est des Dieux vengeurs :
Sur moi, sur vous peut-être ils puniroient ma flâme.

TELAÏRE.

De quelle horreur encor viens-tu frapper mon ame?

CASTOR.

J'armerois Jupiter, son fils a mes sermens.

TELAÏRE.

Ils ont aimé ces Dieux, ils plaindront des amants.

(*On entend plusieurs coups de tonnerre.*)

Qu'ai-je entendu ! quel bruit ! quels éclats de tonnerre !
Hélas ! c'est moi qui t'ai perdu.

CASTOR.

J'entends frémir les airs ! je ſens trembler la terre!
C'en eſt fait ! j'ai trop attendu.

ENSEMBLE.

Arrête, Dieu vengeur, arrête.
(*Le bruit redouble.*)

CASTOR.

L'Enfer eſt ouvert ſous mes pas !
La foudre gronde ſur ma tête !

(TELAÏRE *tombe évanouie de frayeur.*)

Ciel ! ô Ciel ! Telaïre expire dans mes bras!
Arrête, Dieu vengeur, arrête.
(*Une Symphonie mélodieuſe ſuccéde au bruit du tonnerre.*)

Mais le bruit ceſſe... ouvrés les yeux:
A nos tourmens la nature eſt ſenſible,
Et ces concerts harmonieux
Annoncent un Dieu plus paiſible.
(*Jupiter deſcend du Ciel ſur ſon Aigle.*)

SCÊNE IV.

JUPITER, CASTOR, TELAÏRE.

JUPITER.

LEs Destins sont contens : ton sort est arrêté ;
Je te rends à jamais le serment qui t'engage,
Tu ne verras plus le rivage
Que ton frere à déja quitté.
Il vit, & Jupiter vous permet le partage
De l'immortalité.

(*POLLUX paroît.*)

SCÊNE V.

JUPITER, TELAÏRE, CASTOR, POLLUX.

CASTOR.

MOn frere ! O Ciel !

POLLUX.

Dieux ! je retrouve ensemble
Tous les objets de mon amour !

CASTOR.

J'allois te délivrer du ténébreux séjour,
Quand le Ciel enfin nous rassemble.

CASTOR & TELAÏRE.

Dieux, qui formés pour nous un sort si plein d'appas,
O Dieux ! ne nous séparés pas.

POLLUX.

L'Enfer n'aura qu'une victime ;
J'ai vû Phebé descendre aux rives du trépas :
Un malheureux amour précipitoit ses pas,
Et l'amour a fait tout son crime.

JUPITER.

Séjour de ma grandeur, où je dicte mes loix,
Vaste empire des Dieux, ouvrés-vous à ma voix.

SCÊNE DERNIERE.

Les Cieux s'ouvrent, & font voir, au milieu des airs, le Palais de Jupiter, d'une Architecture éclatante & légére, porté sur des nuages. Il communique des deux côtés, par des Colonades, aux Pavillons des principales Divinités célestes, désignés par leurs divers attributs. Dans le lointain paroît une partie du Zodiaque avec le signe des Jumeaux qui y sont installés. Le Globe du Soleil est au milieu, parcourant sa carriere. Toutes les Divinités du Ciel se rassemblent, ainsi que les Génies qui président aux planettes & aux constellations.

JUPITER, POLLUX, CASTOR, TELAÏRE, tous les DIEUX de L'OLIMPE, les GÉNIES célestes, les HEURES, &c.

JUPITER à CASTOR & POLLUX.

TAnt de vertus doivent prétendre
Au partage de nos autels.
Offrons à l'Univers des signes immortels
D'une amitié si pure & d'un amour si tendre.

TOUS LES CHŒURS.

Que les cieux, que la terre & l'onde
Brillent de mille feux divers;
C'est l'ordre du maître du monde,
C'est la fête de l'Univers.

Ballet figuré des HEURES *&* *des* PLANETTES.

CASTOR.

Qu'il eſt doux de porter tes chaînes !
Tendre amour, tes plaiſirs font oublier tes peines.
J'ai fait briller tes feux dans cent climats divers
Pour montrer à tout l'Univers
Qu'il eſt doux de porter tes chaînes.
Tout m'a dit dans les enfers
Qu'il eſt doux de porter tes chaînes.
Et quand les cieux me ſont ouverts,
J'entends retentir dans les airs
Qu'il eſt doux de porter tes chaînes.

(*Les Chœurs ſe mêlent à la voix de* CASTOR, *&* *répetent ce dernier vers.*)

LE GRAND CHŒUR.

Que les cieux, que la terre & l'onde
Brillent de mille feux divers ;
C'eſt l'ordre du Maître du monde,
C'eſt la fête de l'Univers.

FIN.

APPROBATION.

J'Ai lu, par ordre de Monſeigneur le Vice-Chancelier, une nouvelle Edition de l'Opera de *Castor & Pollux* A Paris le 19 Décembre 1763.

DEMONCRIF.

www.ingramcontent.com/pod-product-compliance
Ingram Content Group UK Ltd.
Pitfield, Milton Keynes, MK11 3LW, UK
UKHW031957260826
14628UKWH00005B/2105

9 782329 405933